Filosofia para crianças

De criança para crianças

Era uma vez!

Procure quem ti valorize!

História para colorir!

Por: Bernardo Octaviano Pereira

Este livro pertence a:

____

Eu dedico essa obra, primeiramente para os meus pais que eu tanto amo, para minhas professoras, para minhas tias de coração e para todos os meus amigos, Deus que abençoe a todos infinitamente!

Bernardo Octaviano Pereira

18/03/2024

@bernardo6883©

Era uma vez, num lugar perto daqui um garotinho reclamou para sei papai que os garotos da sua rua não gostavam muito dele,

o papai pensou, pensou e pensou e olhando para um canto do quintal, onde ele viu um carro antigo, que a muito tempo eles já não usavam mais.

Então o papai falou para o garotinho que era para ele pegar e levar aquele carro antigo na feirinha do rolo perto de sua casa e ver por quanto ele conseguiria vender o carro.

Assim ele fez, pegou a carro e levou ele onde o papai tinha mandado, quando o garotinho voltou para casa,

o papai perguntou
quanto deram
pelo antigo carro,
e o garotinho
falou que eles não
tinham gostado
do modelo dele e
que dariam
quinhentos reais.

O papai falou, agora você pega ele e leva ele na concessionária e pergunta o quanto ele vale, e o garotinho foi,

quando o garotinho voltou o papai perguntou por quanto ele valia, e ele falou que acharão ele muito velho e que valia uns dois mil reais.

E o papai falou novamente que ele levasse ela em uma exposição de carros antigos e que lá ele pesquisasse qual seria o valor dele, assim ele fez.

Quando ele voltou para casa, o papai perguntou para o garotinho, o quanto ele valia, e o garotinho falou que todos gostaram dele e que falaram que ele era único,

uma
raridade,
clássico, que
era uma joia
sobre rodas
e oferecerão
dez mil reais.

Olha como são as coisas, disse o papai para o garotinho, temos que ir onde nos valorizem e ficar com quem gosta de nós,

e não onde nos desvalorize, também temos que ser assim, ir onde nos valorizem e andar com quem gosta da gente.

Fim!